AF219243

Impressum
Verlag: BABADADA GmbH, Nedderfeld 112 , 22529 Hamburg
Geschäftsführer / Verlagsleitung: Harald Hof
Druck: Books on Demand GmbH, In de Tarpen 42, 22848 Norderstedt

Imprint
Publisher: BABADADA GmbH, Nedderfeld 112 , 22529 Hamburg, Germany
Managing Director / Publishing direction: Harald Hof
Print: Books on Demand GmbH, In de Tarpen 42, 22848 Norderstedt, Germany

de School
škola

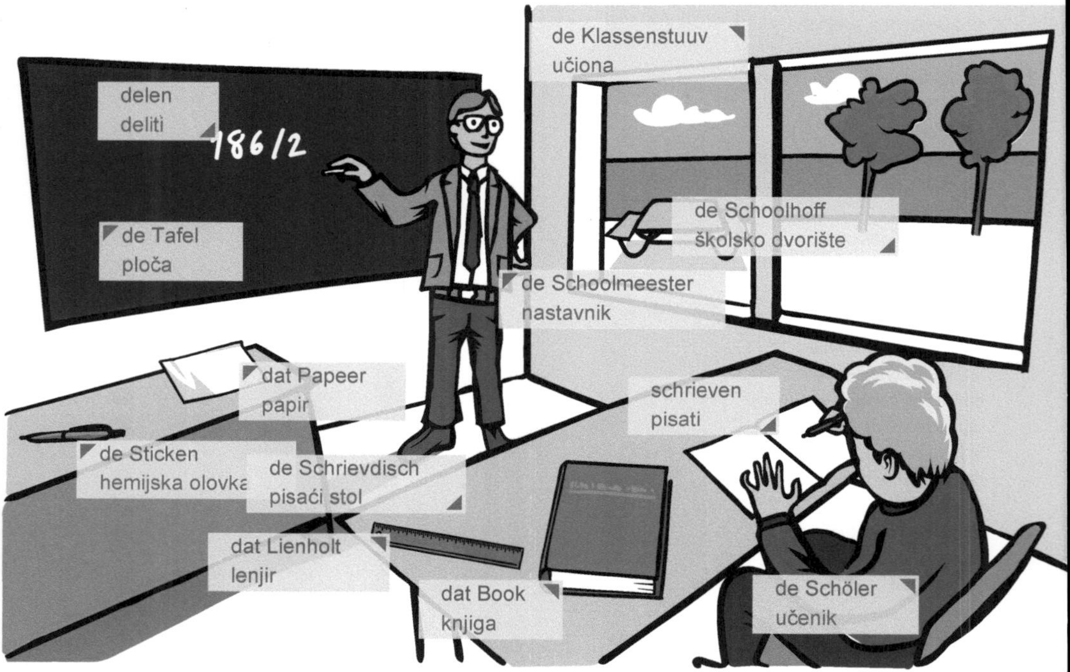
de Klassenstuuv
učiona
delen
deliti
186/2
de Tafel
ploča
de Schoolhoff
školsko dvorište
de Schoolmeester
nastavnik
dat Papeer
papir
schrieven
pisati
de Sticken
hemijska olovka
de Schrievdisch
pisaći stol
dat Lienholt
lenjir
dat Book
knjiga
de Schöler
učenik

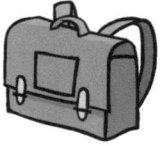

de Ranzel

torba

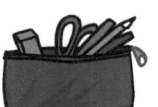

de Feddermapp

pernica

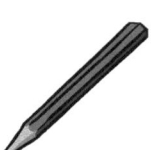

de Bleesticken

grafitna olovka

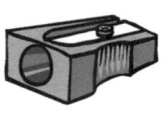

de Scharpmaker

šiljilo za olovke

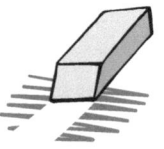

dat Radeergummi

gumica za brisanje

de Tekenblock

blok za crtanje

de Teken

crtež

de Pinsel

kist

de Malkassen

kutija sa bojama

de Scheer

makaze

de Klever

lepilo

dat Heft to'n Öven

beležnica

de Huusopgaav

domaći zadatak

de Tall

broj

tohooptellen

sabirati

aftrecken

oduzimati

malnehmen

množiti

reken

računati

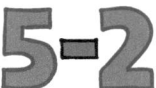

de Bookstaav

slovo

dat ABC

abeceda

dat Woort

reč

de Text

tekst

lesen

čitati

de Kried

kreda

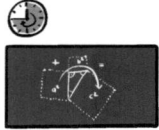

de Stunn

čas

dat Klassenbook

dnevnik

de Pröven

ispit

dat Tüügnis

svedočanstvo

de Schooluniform

školska uniforma

de Utbillen

obrazovanje

dat Nakieksel

leksikon

de Universität

univerzitet

dat Mikroskop

mikroskop

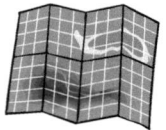

de Koort

karta

de Papeerkorf

košara za papir

de Törn
putovanje

dat Hotel
hotel
Grand
de Harbarg
prenoćište
ROOMS
de Wesselstuuv
menjačnica
EXCHANGE
de Kuffer
kofer
dat Auto
auto

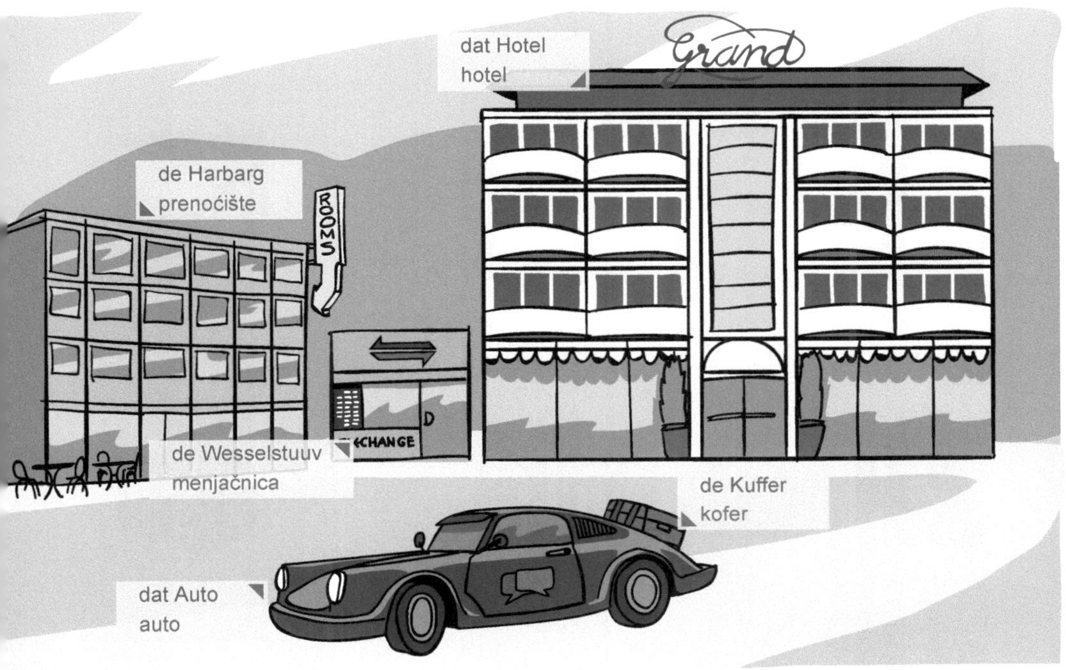

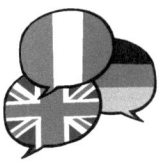

de Spraak

jezik

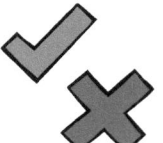

jo / ne

da / ne

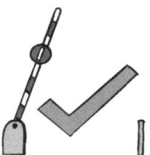

Jo

okej

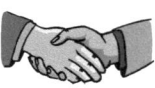

Moin

zdravo

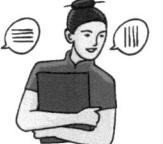

de Översetter

prevodilac

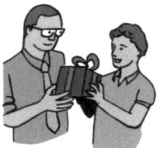

Dank ok

hvala

Wat kost...?

Koliko košta...?

Ik verstah nich

ne razumem

dat Problem

problem

Goden Avend

dobro veče!

Moin!

Dobro jutro!

Gode Nacht!

Laku noć!

Tschüüs

doviđenja

de Richt

smer

de Bagaasch

prtljaga

de Tasch

torba

de Rüchsack

ruksak

de Gast

gost

de Stuuv

soba

de Slaapsack

vreća za spavanje

dat Telt

šator

de Touristeninformatschoon

turističke informacije

de Strand

plaža

de Kreditkoort

kreditna kartica

dat Fröhstück

doručak

dat Meddageten

ručak

dat Avendeten

večera

de Fohrkort

karta za vožnju

de Fohrstohl

lift

de Breefmark

poštanska markica

de Grenz

granica

de Toll

carina

de Bottschop

ambasada

dat Visum

viza

de Pass

pasoš

de Transport
transport

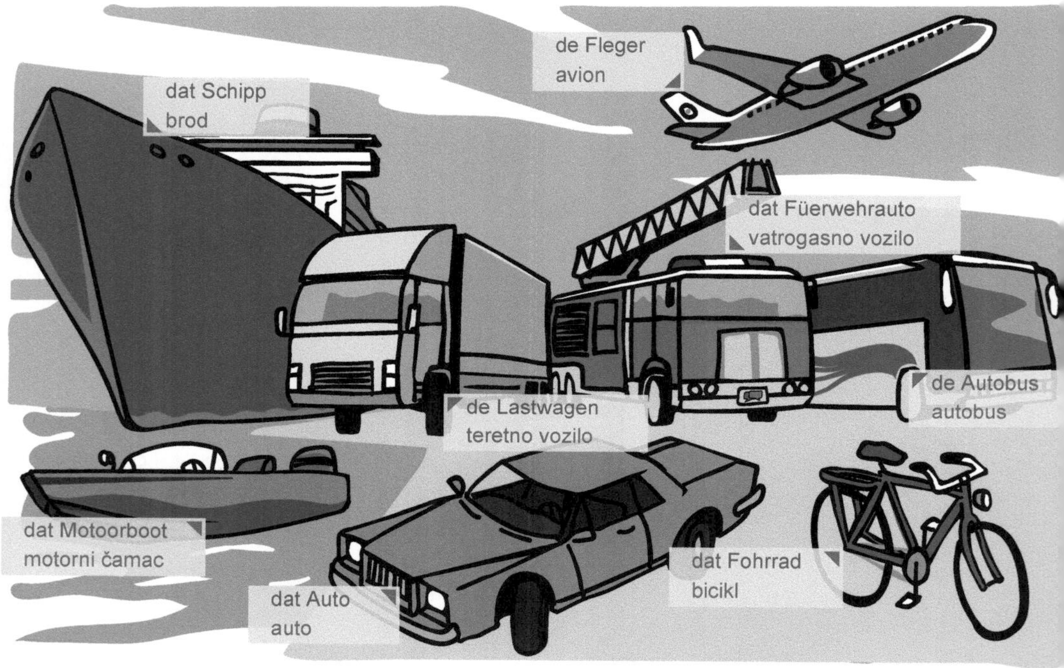
de Fleger
avion
dat Schipp
brod
dat Füerwehrauto
vatrogasno vozilo
de Autobus
autobus
de Lastwagen
teretno vozilo
dat Motoorboot
motorni čamac
dat Fohrrad
bicikl
dat Auto
auto

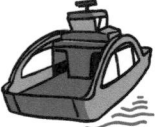

de Fähr
trajekt

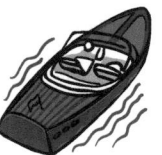

dat Boot
čamac

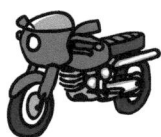

dat Motoorrad
motocikl

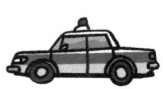

dat Polizeiauto
policijski auto

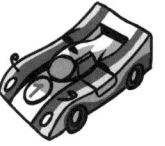

dat Rönnauto
trkaći auto

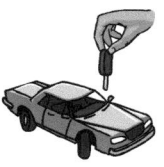

de Lehnwagen
iznajmljeno auto

dat Carsharing

delenje automobila

de Afsleepwagen

vučno vozilo

dat Müllauto

vozilo za odvoz smeća

de Motoor

motor

de Kraftstoff

benzin

de Tanksteed

benzinska stanica

dat Verkehrsschild

saobraćajni znak

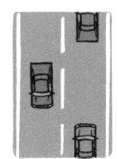

de Verkehr

saobraćaj

de Stau

zastoj

de Afstellplatz

parkiralište

de Bahnhoff

železnička stanica

de Sporen

šine

de Tog

voz

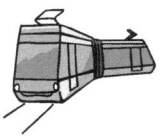

de Stratenbahn

tramvaj

de Wagon

vagon

de Dwarsmöhl

helikopter

de Flooghaven

aerodrom

de Tower

kula

de Fohrgast

putnik

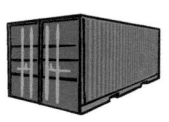

de Grootkist

kontejner

de Karton

karton

de Koor

kolica

de Korf

korpa

starten / lannen

uzleteti / sleteti

de Stadt

grad

dat Dörp

selo

de Binnenstadt

centar grada

dat Huus

kuća

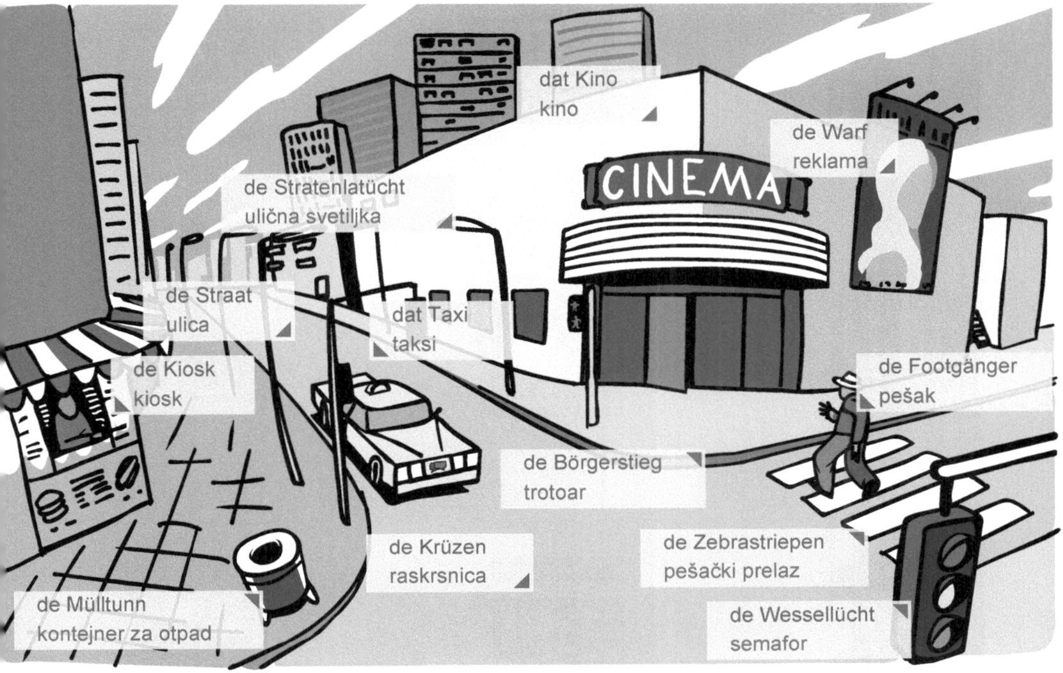

CINEMA

dat Kino / kino

de Warf / reklama

de Stratenlatücht / ulična svetiljka

de Straat / ulica

dat Taxi / taksi

de Kiosk / kiosk

de Footgänger / pešak

de Börgerstieg / trotoar

de Krüzen / raskrsnica

de Zebrastriepen / pešački prelaz

de Mülltunn / kontejner za otpad

de Wessellücht / semafor

de Hütt

koliba

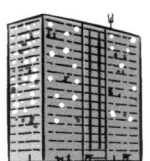

de Wahnung

stan

de Bahnhoff

železnička stanica

dat Raathuus

većnica

dat Museum

muzej

de School

škola

de Universität

univerzitet

de Bank

banka

dat Krankenhuus

bolnica

dat Hotel

hotel

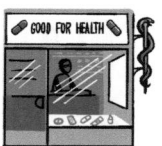

de Afteek

apoteka

dat Büro

kancelarija

de Bookhökerie

knjižara

de Hökerie

prodavnica

de Blomenhökerie

cvećara

de Supermarkt

supermarket

de Markt

trg

dat Koophuus

robna kuća

de Fischhökerie

ribarnica

dat Inkoopszentrum

trgovački centar

de Haven

luka

de Parkanlaag

park

de Bank

klupa

de Brüch

most

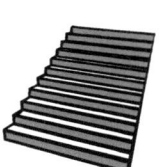

de Trepp

stepenice

de Ünnergrundbahn

podzemna železnica

de Tunnel

tunel

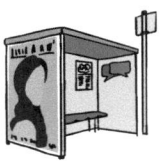

de Busstoppsteed

autobuska stanica

de Bar

bar

dat Spieslokal

restoran

de Breefkassen

poštansko sanduče

dat Stratenschild

ulični znak

de Parkklock

parkirni automat

de Deertenpark

zoološki vrt

de Baadanstalt

bazen

de Moschee

džamija

de Stadt - grad

de Buernhoff

seosko gazdinstvo

de Ümweltversmudden

zagađenje okoline

de Karkhoff

groblje

de Kark

crkva

de Speelplatz

igralište

de Tempel

hram

de Landschop
pejsaž

dat Blatt
list

de Wiespahl
putokaz

de Weg
put

de Wisch
livada

de Steen
kamen

de Wannerer
šetač

de Boom
drvo

de Fluss
reka

dat Gras
trava

de Bloom
cvijet

dat Daal

dolina

de Barg

planina

de See

jezero

dat Holt

šuma

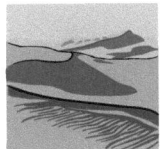

de Wööst

pustinja

de Füerspien Barg

vulkan

dat Slott

dvorac

de Regenbagen

duga

de Poggenstohl

gljiva

de Palm

palma

de Steekmück

moskito

de Fleeg

muva

de Miegeemk

mrav

de Imm

pčela

de Spinn

pauk

de Sebber

buba

de Pogg

žaba

de Katteker

veverica

de Swienegel

jež

de Haas

zec

de Uul

sova

de Vagel

ptica

de Swaan

labud

dat Wildswien

divlja svinja

de Hirsch

jelen

de Elk

los

de Staudamm

nasip

dat Windrad

vetrenjača

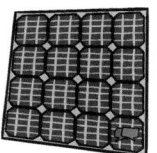

dat Solarmodul

solarna ploča

dat Klima

klima

de Landschop - pejsaž

dat Spieslokal
restoran

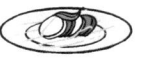

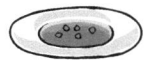

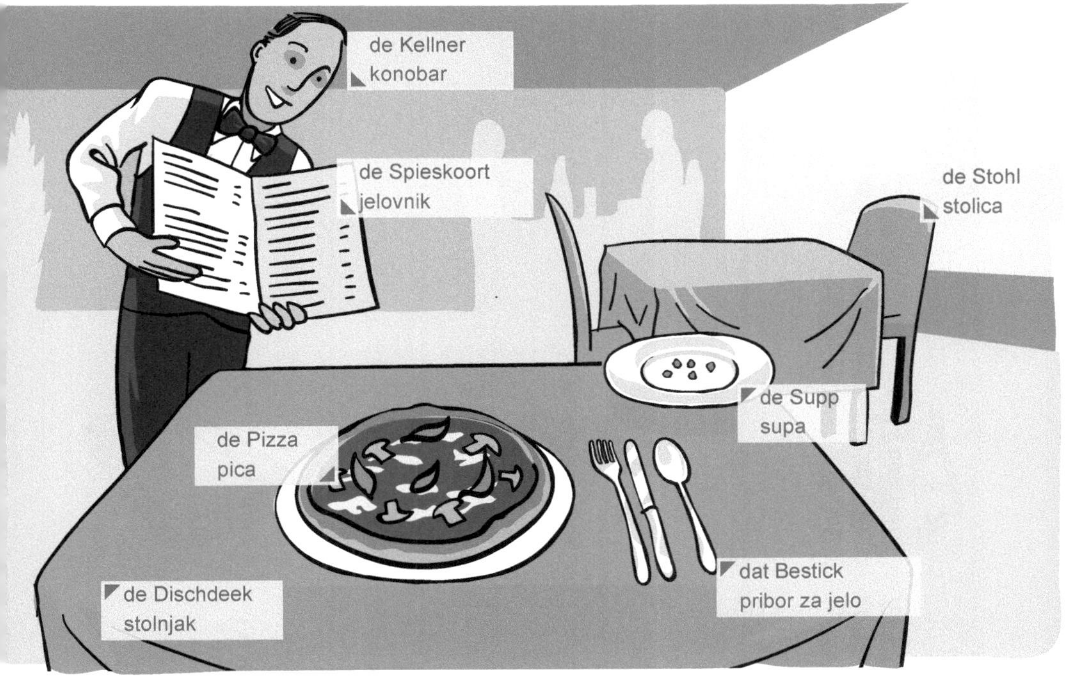
de Kellner
konobar
de Spieskoort
jelovnik
de Stohl
stolica
de Supp
supa
de Pizza
pica
dat Bestick
pribor za jelo
de Dischdeek
stolnjak

de Vörspies

predjelo

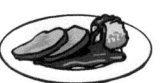

dat Haupteten

glavno jelo

de Nadisch

desert

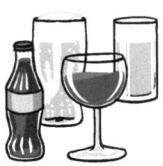

de Drünk

napitci

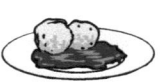

dat Eten

jelo

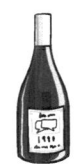

de Buddel

flaša

dat Fastfood

brza hrana

dat Strateneten

imbis hrana

de Teekann

čajnik

de Zuckerdoos

doza za šećer

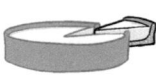

de Portschoon

porcija

de Espressomaschien

aparat za espresso

de Hoochstohl

visoka stolica

de Reken

račun

dat Tablett

poslužavnik

dat Mess

nož

de Gavel

viljuška

de Lepel

kašika

de Teelepel

čajna kašika

dat Munddook

salveta

dat Glas

čaša

dat Spieslokal - restoran

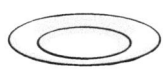

de Töller

tanjir

de Suppentöller

tanjir za supu

de Ünnertass

tanjirić

de Sooß

sos

de Soltstreuer

soljenka

de Pepermöhl

mlin za biber

de Etig

sirće

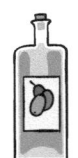

dat Ööl

ulje

de Krüder

začini

de Ketchup

kečap

de Mostrich

senf

de Mayonnaise

majoneza

de Supermarkt
supermarket

dat Anbott
ponuda

de Kunn
kupac

de Melkprodukten
mlečni proizvodi

dat Aaft
voće

de Inkoopswagen
kolica za kupovinu

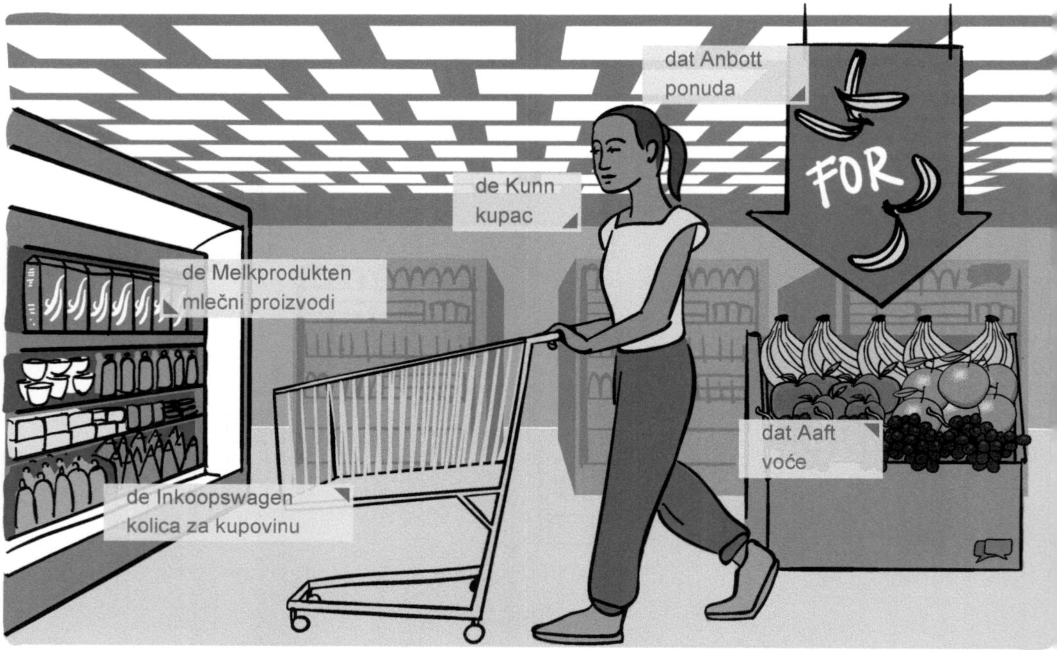

de Slachterie
....
mesnica

de Bäckerie
....
pekara

wegen
....
vagati

de Gröönsaken
....
povrće

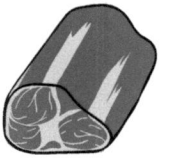

dat Fleesch
....
meso

de Deepköhlkost
....
smrznuta hrana

de Supermarkt - supermarket

de Opsnitt

narezak

de Konserven

konzerve

de Waschmiddel

sredstvo za pranje

de Snoopkraam

slatkiši

de Huushooltssaken

artikli za domaćinstvo

de Reinmaaktüüch

sredstva za čišćenje

de Verköpersche

prodavačica

de Kass

blagajna

de Kasserer

blagajnik

de Inkoopslist

lista za kupovinu

de Opsparrtieden

vreme rada

de Breeftasch

novčanik

de Kreditkoort

kreditna kartica

de Tasch

torba

de Plastiktüüt

plastična kesa

dat Water

voda

de Saft

sok

de Melk

mleko

de Cola

kola

de Wien

vino

dat Beer

pivo

de Spriet

alkohol

de Kakao

kakao

de Tee

čaj

de Koffie

kava

de Espresso

espresso

de Cappucino

cappuccino

de Banaan

banana

de Appel

jabuka

de Appelsien

narandža

de Meloon

lubenica

de Zitroon

limun

de Wöttel

šargarepa

de Knuuvlook

beli luk

de Bambus

bambus

de Zibbel

luk

de Poggenstohl

gljiva

de Nööt

orašasti plodovi

de Nudeln

rezanci

de Spaghetti

špagete

de Ries

riža

de Salat

salata

de Pommes frites

pomfrit

de Braadkantüffeln

pečeni krumpir

de Pizza

pica

de Hamborger

hamburger

dat Sandwich

sendvič

dat Snitzel

šnicla

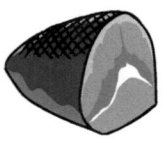

de Schinken

šunka

de Salami

salama

de Wust

kobasica

dat Hohn

kokoš

de Braden

pečenje

de Fisch

riba

dat Eten - jelo

de Haverflocken

zobene pahuljice

dat Müsli

musli

de Cornflakes

kukuruzne pahuljice

dat Mehl

brašno

de Croissant

kroasan

dat Rundstück

pecivo

dat Broot

hleb

dat Toast

toast

de Keksen

keksi

de Botter

maslac

de Quark

sveži sir

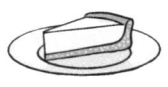

de Koken

kolač

dat Ei

jaje

dat Spegelei

jaje na oko

de Kees

sir

dat Eten - jelo

de Ies

sladoled

de Zucker

šećer

de Honnig

med

de Marmelaad

marmelada

de Nougat-Creme

nugat krema

dat Curry

kari

de Buernhoff
seosko gazdinstvo

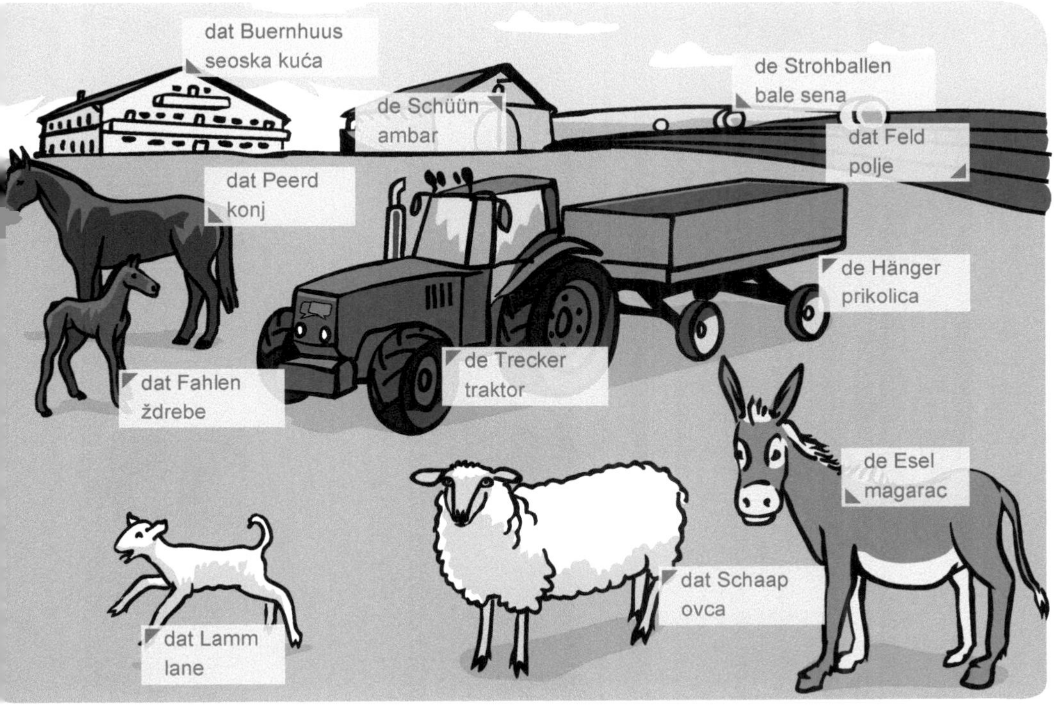
dat Buernhuus
seoska kuća
de Schüün
ambar
de Strohballen
bale sena
dat Feld
polje
dat Peerd
konj
de Hänger
prikolica
de Trecker
traktor
dat Fahlen
ždrebe
de Esel
magarac
dat Schaap
ovca
dat Lamm
lane

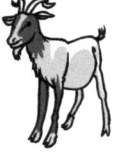

de Zeeg
....
koza

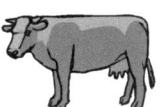

de Koh
....
krava

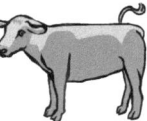

dat Kalf
....
tele

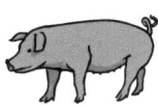

dat Swien
....
svinja

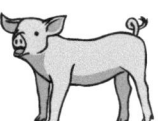

dat Farken
....
prase

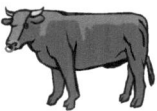

de Bull
....
bik

de Goos

guska

de Aant

patka

dat Küken

pilići

dat Hohn

kokoš

de Hahn

petao

de Rott

pacov

de Katt

mačka

de Muus

miš

de Oss

vol

de Hund

pas

de Hunnenhütt

kućica za psa

de Goornslauch

vrtno crevo

de Geetkann

kanta za polivanje

de Lee

kosa

de Ploog

plug

de Sich

srp

de Hack

motika

de Mestfork

viljuška za đubrivo

de Ext

sekira

de Schuufkoor

tačke

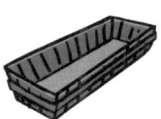

de Trog

korito

de Melkkann

posuda za mleko

de Sack

vreća

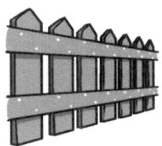

de Tuun

ograda

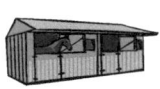

de Stall

štala

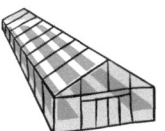

dat Drievhuus

staklenik

de Bodden

zemlja

de Saat

seme

de Dünger

đubrivo

de Meihdöscher

kombajn

de Buernhoff - seosko gazdinstvo

oornen

žeti

de Oorn

žetva

de Yamswöttel

jams začin

de Weten

pšenica

dat Soja

soja

de Kantüffel

krumpir

de Törksche Weten

kukuruz

de Rapp

uljana repica

de Aaftboom

voćka

de Troopsch Kantüffel

gomolj manioke

dat Koorn

žitarice

dat Huus
kuća

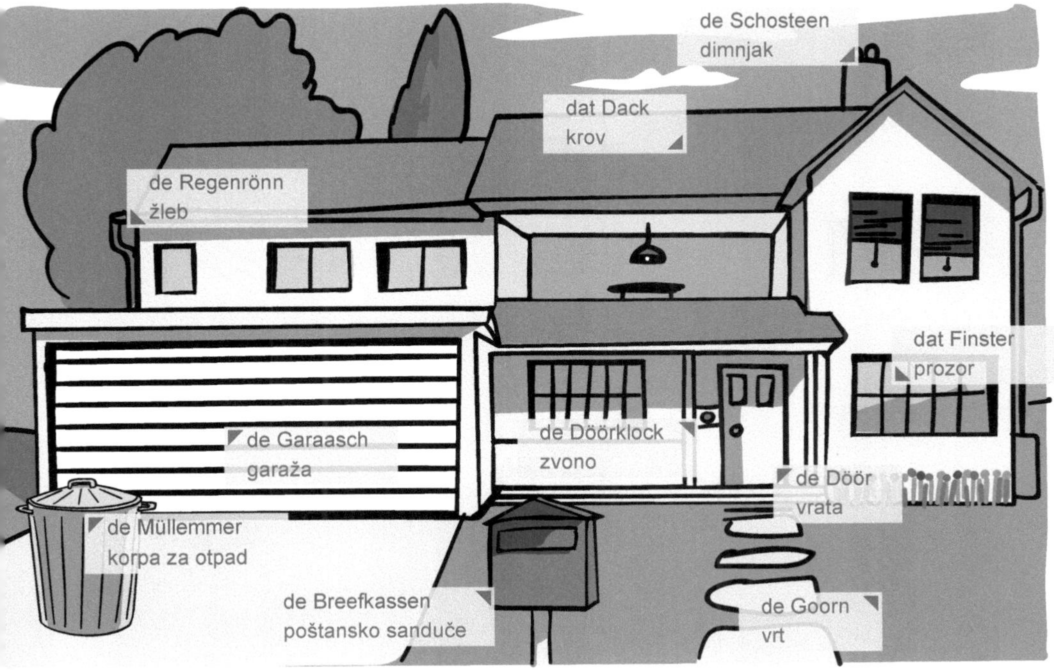
de Schosteen
dimnjak
dat Dack
krov
de Regenrönn
žleb
dat Finster
prozor
de Garaasch
garaža
de Döörklock
zvono
de Döör
vrata
de Müllemmer
korpa za otpad
de Breefkassen
poštansko sanduče
de Goorn
vrt

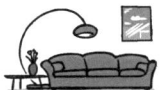

de Wahnstuuv
....
dnevna soba

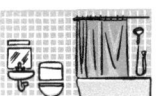

de Baadstuuv
....
kupaonica

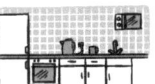

de Köök
....
kuhinja

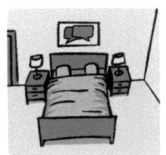

de Slaapstuuv
....
spavaća soba

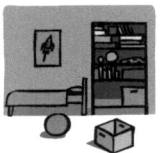

de Kinnerstuuv
....
dečija soba

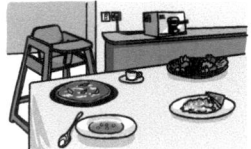

de Eetstuuv
....
trpezarija

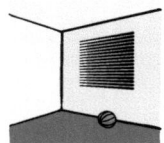

de Footbodden
pod

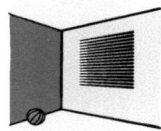

de Wand
zid

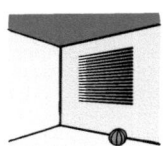

de Deek
strop

de Keller
podrum

dat Hittluftbad
sauna

de Balkon
balkon

de Terrass
terasa

dat Swümmbad
bazen

de Rasenmeiher
kosilica za travu

de Bettbetog
posteljina za krevet

de Bettdeek
deka za krevet

de Puuch
krevet

de Bessen
metla

de Emmer
kanta

de Schalter
prekidač

de Wahnstuuv

dnevna soba

de Tapeet
tapeta
dat Bild
slika
de Lamp
svetiljka
dat Regal
regal
dat Schapp
ormar
de Kiekkassen
televizija
de Kamin
kamin
de Bloom
cvijet
dat Küssen
jastuk
dat Sofa
kauč
de Vaas
vaza
de Feernbedenen
daljinski upravljač

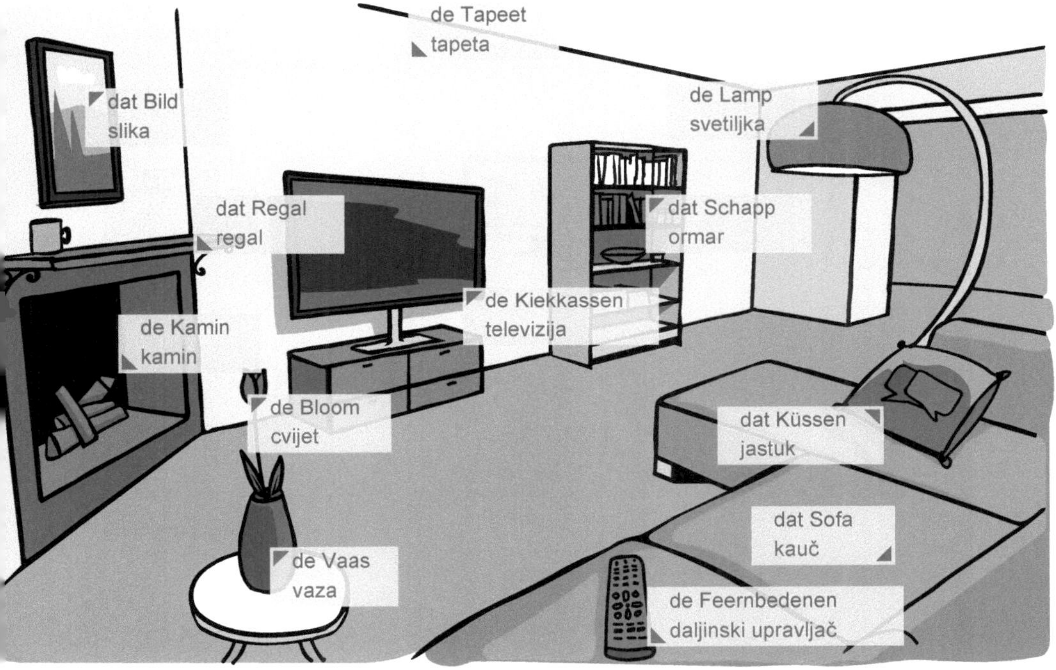

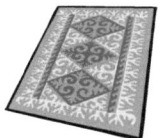

de Teppich

tepih

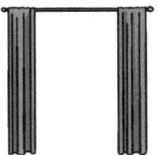

de Vörhang

zavesa

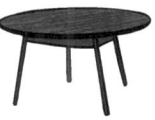

de Disch

sto

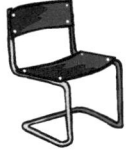

de Stohl

stolica

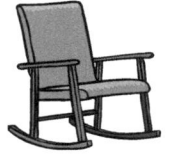

de Schuckelstohl

stolica za njihanje

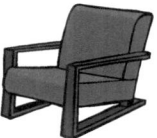

de Sessel

fotelja

dat Book

knjiga

de Deek

deka

de Dekoratschoon

dekoracija

dat Füerholt

drvo za ogrev

de Film

film

de Stereoanlaag

hi-fi uređaj

de Slötel

ključ

dat Narichtenblatt

novine

dat Gemälde

slika na platnu

dat Poster

poster

dat Radio

radio

de Opschrievblock

blok za pisanje

de Huulbessen

usisivač

de Kaktus

kaktus

de Kars

sveća

de Köök
kuhinja

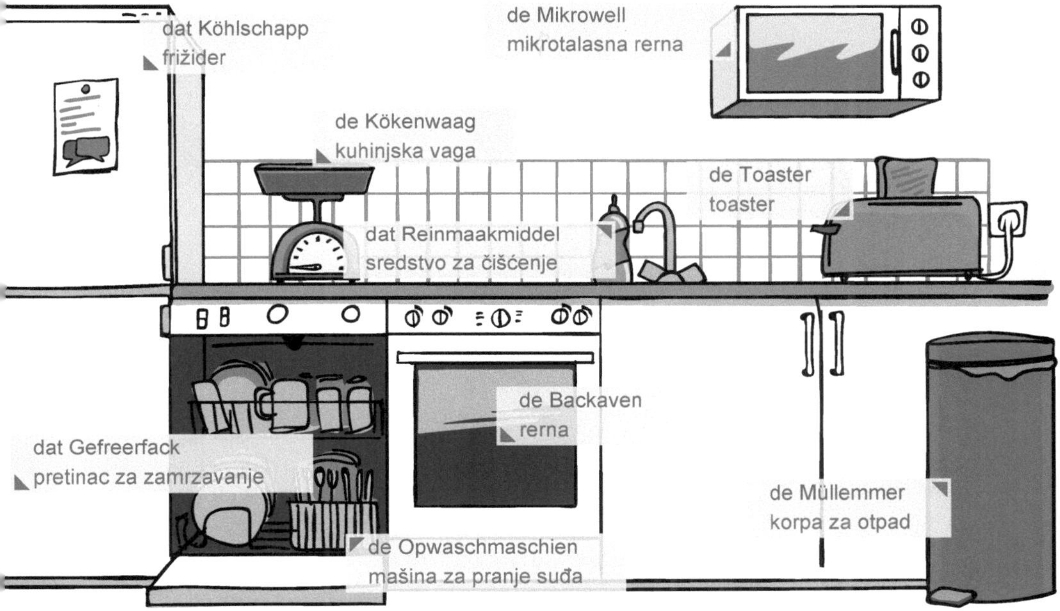
dat Köhlschapp
frižider
de Mikrowell
mikrotalasna rerna
de Kökenwaag
kuhinjska vaga
de Toaster
toaster
dat Reinmaakmiddel
sredstvo za čišćenje
de Backaven
rerna
dat Gefreerfack
pretinac za zamrzavanje
de Müllemmer
korpa za otpad
de Opwaschmaschien
mašina za pranje suđa

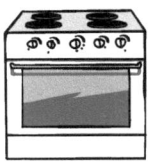

de Heerd

šporet

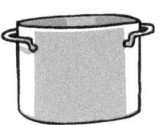

de Pott

lonac

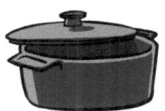

de Gussiesern Putt

gvozdeni lonac

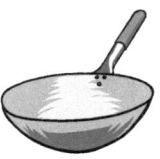

de Wok / Kadai

wok / kadai

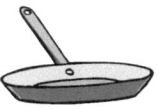

de Pann

tava

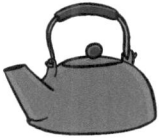

de Waterkaker

kuvalo za vodu

de Dampkaakputt

kuvalo na paru

dat Backblick

lim za pečenje

dat Geschirr

posuđe

de Beker

čaša

de Schaal

posuda

de Eetsticken

štapići za jelo

de Suppenkell

kutlača

de Pannenwenner

lopatica

de Sneebessen

penjača

dat Kaakseef

sito za kuvanje

dat Seef

sito

de Riev

ribež

de Mörser

mužar

de Grill

roštilj

de Füerstell

ognjište

de Köök - kuhinja

dat Sniedbrett

daska

dat Nudelholt

oklagija

de Proppentrecker

vadičep

de Doos

konzerva

de Dosenaapner

otvarač konzervi

de Pottlappen

krpa za lonac

dat Waschbecken

sudoper

de Böst

četka

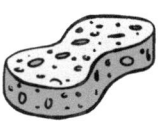

de Swamm

sunđer

de Mixer

mikser

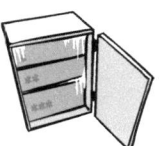

dat lesschapp

zamrzivač

de Nuckelbuddel

flašica za bebe

de Waterhahn

slavina za vodu

de Köök - kuhinja

de Baadstuuv
kupaonica

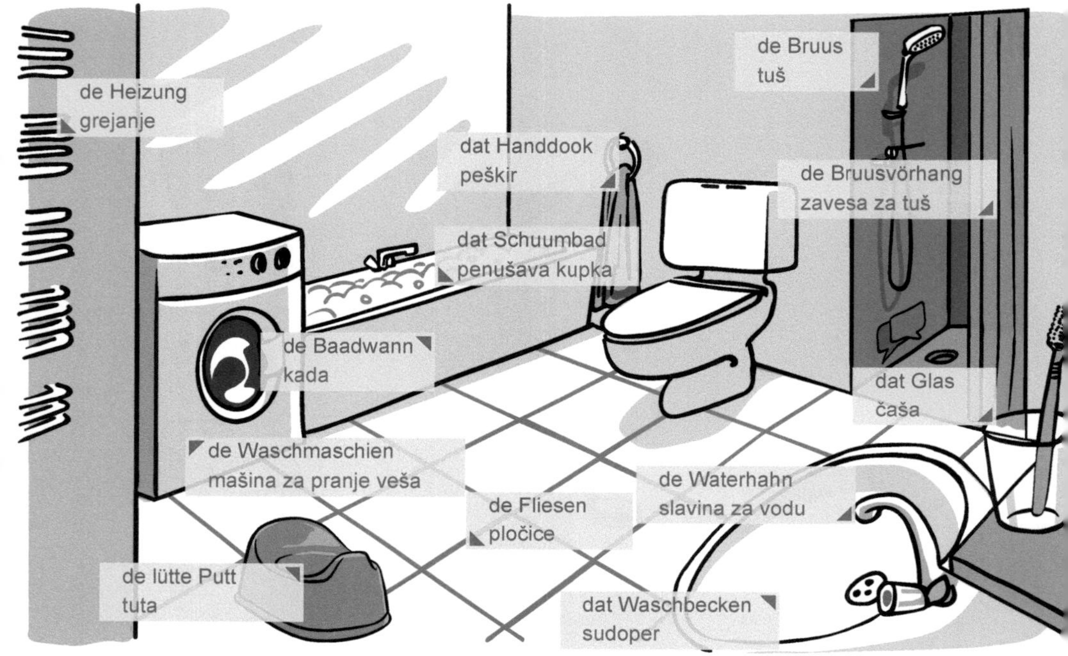

de Heizung
grejanje
dat Handdook
peškir
de Bruus
tuš
de Bruusvörhang
zavesa za tuš
dat Schuumbad
penušava kupka
de Baadwann
kada
dat Glas
čaša
de Waschmaschien
mašina za pranje veša
de Waterhahn
slavina za vodu
de Fliesen
pločice
de lütte Putt
tuta
dat Waschbecken
sudoper

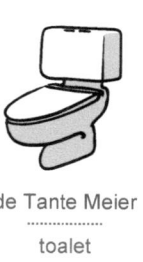

de Tante Meier
toalet

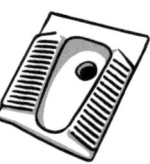

de Hockklo
čučavac

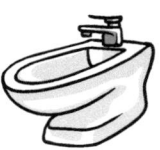

dat Bidet
bidet

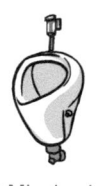

dat Miegbecken
pisoar

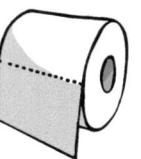

dat Klopapeer
toaletni papir

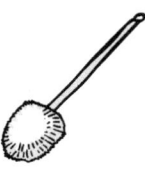

de Kloböst
četka za toalet

de Tähnböst

četkica za zube

de Tähnpast

pasta za zube

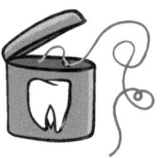

de Tähnsied

konac za zube

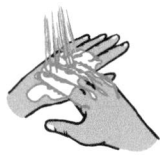

waschen

prati

de Handbruus

tuš ručica

de Intimbruus

tuš za pranje intimnih
delova

de Waschschöttel

lavor

de Rüchböst

četka za pranje leđa

de Seep

sapun

dat Bruusgeel

gel za tuširanje

dat Hoorwaschmiddel

šampon

de Waschlappen

krpa za pranje

de Afloop

odvod

de Creme

krema

dat Deodorant

dezodorans

de Spegel

ogledalo

de Kosmetikspegel

kozmetičko ogledalo

de Raserer

brijač

de Raseerschuum

pena za brijanje

dat Raseerwater

losion za posle brijanja

de Kamm

češalj

de Böst

četka

de Hoordröger

fen za kosu

dat Hoorspray

sprej za kosu

de Smink

makeup

de Lippensticken

ruž za usne

de Nagellack

lak za nokte

de Watt

vata

de Nagelscheer

makaze za nokte

dat Rüükwater

parfem

de Baadstuuv - kupaonica

de Kulturbüdel

kozmetička torbica

de Schemel

stolica

de Waag

vaga

de Baadmantel

ogrtač

de Gummihanschen

rukavice za čišćenje

de Tampon

tampon

de Damenbinn

uložak

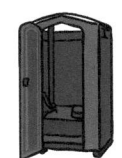

dat Chemieklo

hemijski toalet

de Kinnerstuuv

dečija soba

de Wecker
budilnik
dat Knudeldeert
plišana igračka
dat Speeltüüchauto
auto igračka
de Klöter
zvečka
dat Poppenhuus
kućica za lutke
dat Geschenk
poklon

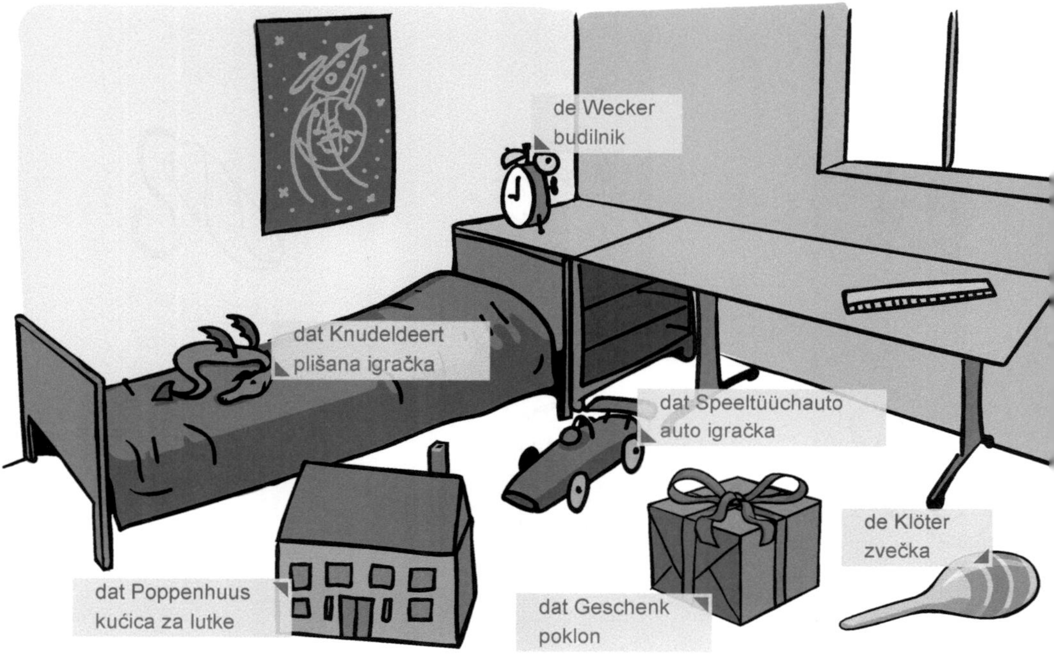

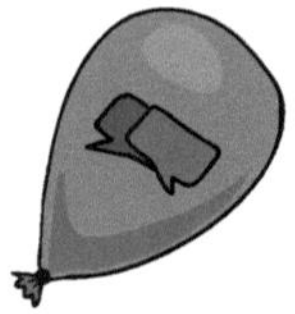

de Luftballon
balon

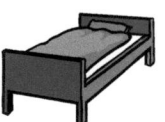

de Puuch
krevet

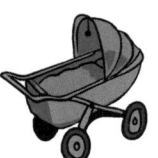

de Kinnerwagen
dječija kolica

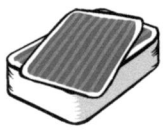

dat Koortenspeel
igra s kartama

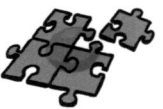

dat Puzzle
slagalica

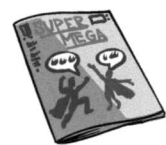

de Billergeschicht
strip

de Legostenen

lego kockice

de Bustenen

kockice za slaganje

de Action-Figur

akcioni junak

de Strampelantog

benkica za bebe

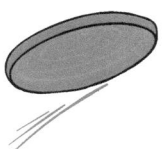

de Frisbeeschiev

frizbi

dat Mobile

viseće igračke

dat Brettspeel

društvene igre

de Wörpel

kocka

de Modelliesenbahn

minijaturna željeznica

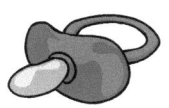

de Snuller

duda

de Party

zabava

dat Billerbook

slikovnica

de Ball

lopta

de Popp

lutka

spelen

igrati

de Sandkassen

pješčanik

de Schuckel

ljuljačka

dat Speeltüüch

igračka

de Speelkonsool

konzola za igre

dat Dreerad

tricikl

de Teddyboor

tedi

dat Klederschapp

ormar

dat Tüüch

odeća

de Socken

kratke čarape

de Strümp

čarape

de Strumpbüx

hulahopke

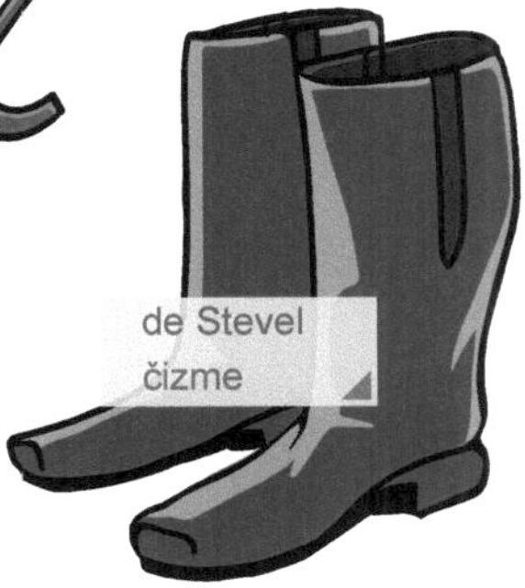

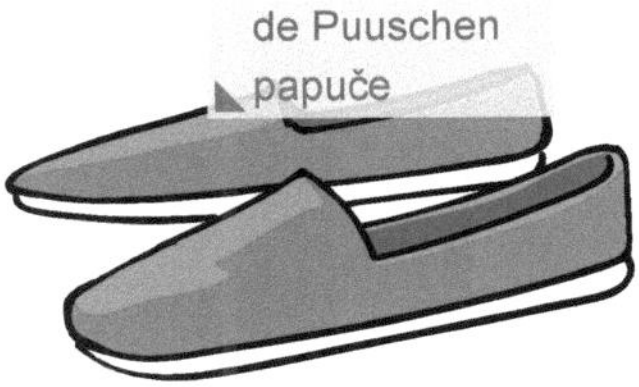

dat Halsdook
šal

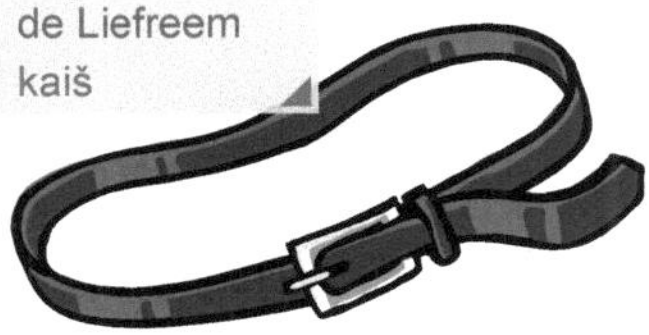

de Paraplü
kišobran

dat T-Shirt
majica

de Liefreem
kaiš

de Stevel
čizme

de Puuschen
papuče

de Turnschoh
patike

de Sandalen
sandale

de Schoh
cipele

de Gummistevel
gumene čizme

de Ünnerbüx
gaćice

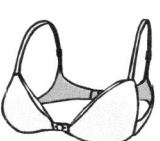

de Bostholler
grudnjak

dat Ünnerhemd
potkošulja

de Lief

bodi

de Büx

pantalone

de Jeansnüx

farmerke

de Rock

suknja

de Bluus

bluza

dat Hemd

košulja

de Pullover

džemper

de Kapuzenpullover

džemper s kapuljačom

de Blazer

sako

de Jack

jakna

de Mantel

kaput

de Övertrecker

kabanica

dat Kostüm

kostim

dat Kleed

haljina

dat Hochtietskleed

venčanica

de Antog

odelo

dat Nachtkleed

spavaćica

de Slaapantog

pidžama

de Sari

sari

dat Koppdook

marama za glavu

de Turban

turban

de Burka

burka

de Kaftan

kaftan

de Abaya

abaja

de Baadantog

kupaći kostim

de Baadbüx

kupaće gaćice

de Korte Büx

kratke pantalone

de Antog to'n Öven

odeća za trening

de Schört

kecelja

de Handschoh

rukavice

de Knopp

dugme

de Brill

naočare

dat Armband

narukvica

de Halskeed

ogrlica

de Ring

prsten

de Ohrbummel

naušnica

de Mütz

kapa

de Klederbögel

vešalica

de Hoot

šešir

de Binner

kravata

de Rietslüter

patent zatvarač

de Helm

kaciga

dat Drachtband

naramenice

de Schooluniform

školska uniforma

de Uniform

uniforma

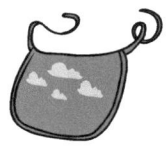

de Severböten

podbradak

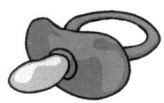

de Snuller

duda

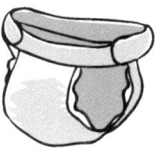

de Winnel

pelena

dat Büro
kancelarija

de Server
server
dat Aktenschapp
ormar za spise
de Drucker
štampač
dat Papeer
apir
de Bildschirm
monitor
de Muus
miš
de Schrievdisch
pisaći stol
de Orner
mapa
dat Knoopboord
tastatura
de Papeerkorf
košara za papir
de Computer
kompjuter
de Stohl
stolica

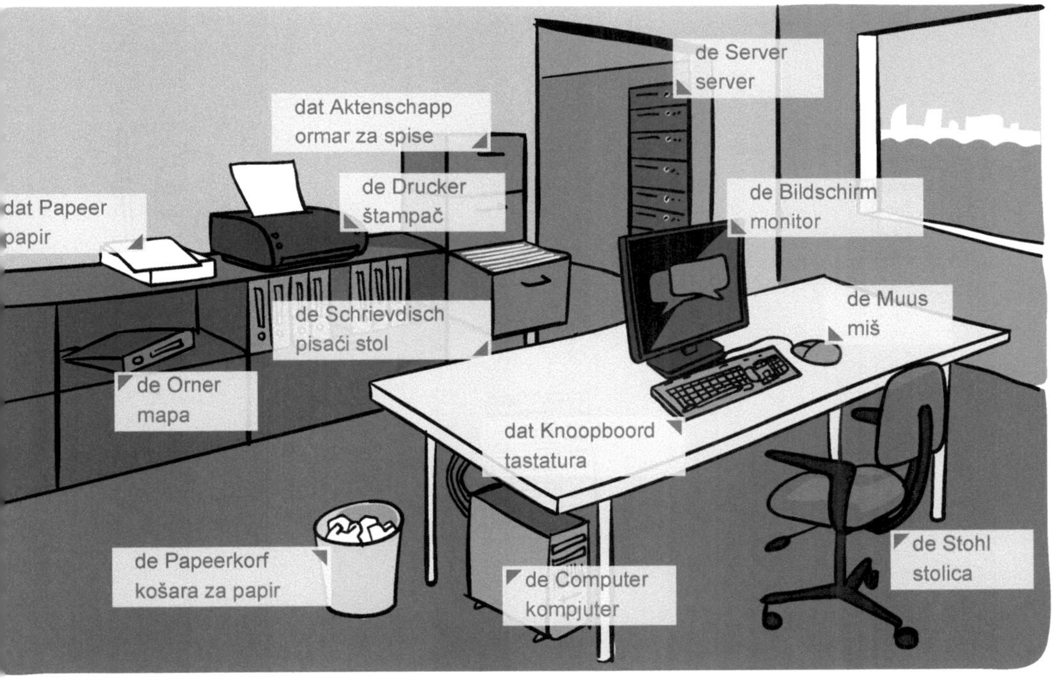

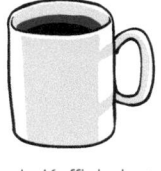

de Koffiebeker

šalica za kavu

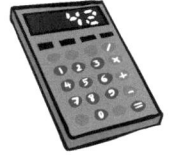

de Taschenreekner

kalkulator

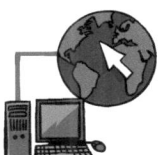

dat Internet

internet

de Klappreekner

laptop

de Breef

pismo

de Naricht

poruka

de Ackersnacker

mobilni telefon

dat Nettwark

mreža

de Kopeerapparat

uređaj za kopiranje

de Software

softver

de Klöönkassen

telefon

de Steekdoos

utičnica

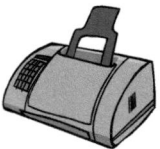

de Faxapparat

faks

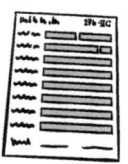

dat Formulor

formular

dat Dokument

dokument

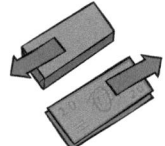

köpen

kupovati

betahlen

platiti

hanneln

trgovati

dat Geld

novac

de Dollar

dolar

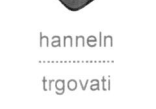 

de Euro

evro

de Yen

jen

de Ruvel

rublja

de Swiezer Franken

švajcarski franak

de Renminbi Yuan

renmindbi juan

de Rupie

rupija

de Geldautomat

automat za novac

de Wesselstuuv

menjačnica

dat Gold

zlato

dat Sülver

srebro

dat Ööl

nafta

de Energie

energija

de Pries

cena

de Verdrag

ugovor

de Stüer

porez

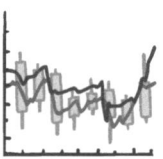

de Andeelschien

deonica

arbeiden

raditi

de Anstellte

službenik

de Arbeitgever

poslodavac

de Fabrik

fabrika

de Hökerie

prodavnica

de Wachtmeester
policajac

de Füerwehrmann
vatrogasac

de Kock
kuvar

de Dokter
lekar

de Fleger
pilot

de Goorner

vrtlar

de Discher

stolar

de Neihersche

krojačica

de Richter

sudija

de Chemiker

hemičar

de Schauspeler

glumac

de Busfohrer

vozač autobusa

de Taxifohrer

vozač taksija

de Fischer

ribar

de Reinmaakfru

čistačica

de Dackdecker

krovopokrivač

de Kellner

konobar

de Jäger

lovac

de Maler

slikar

de Bäcker

pekar

de Elektriker

električar

de Buarbeider

građevinski radnik

de Ingenieur

inženjer

de Slachter

mesar

de Klempner

limar

de Postbüdel

poštar

de Suldat

vojnik

de Architekt

arhitekta

de Kasserer

blagajnik

de Florist

cvećar

de Putzbüdel

frizer

de Schaffner

kondukter

de Mechaniker

mehaničar

de Kaptein

kapetan

de Tähndokter

zubar

de Wetenschopler

naučnik

de Rabbi

rabi

de Imam

imam

de Mönk

monah

de Paap

svećenik

de Profeschonen - zanimanja

dat Warktüüch

alati

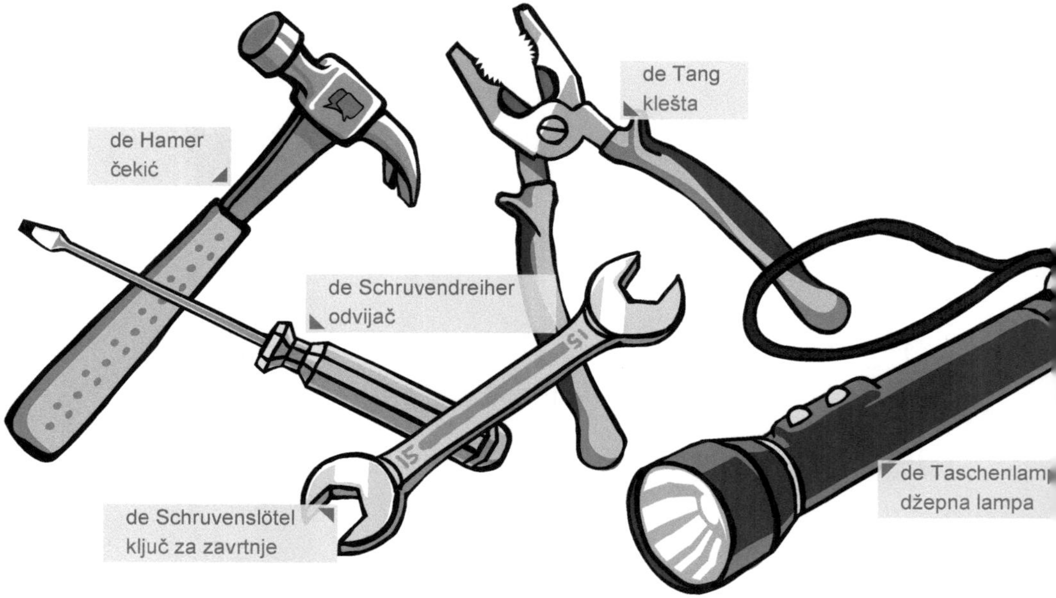
de Hamer
čekić
de Tang
klešta
de Schruvendreiher
odvijač
de Taschenlam
džepna lampa
de Schruvenslötel
ključ za zavrtnje

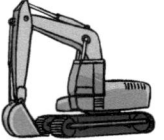

de Grieper

bager

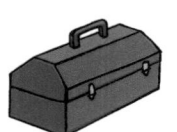

de Warktüüchkassen

kutija za alat

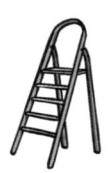

de Ledder

merdevine

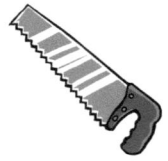

de Saag

pila

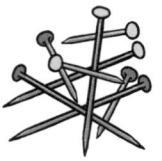

de Nagels

ekser

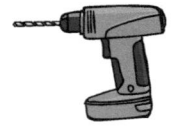

de Bohrer

bušilica

heelmaken

popraviti

de Schüffel

lopata

Schiet!

do đavola!

dat Kehrblick

lopatica

de Farvpott

lonac za boju

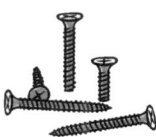

de Schruven

zavrtanji

de Musikinstrumenten
muzički instrument

de Luutsnacker
zvučnik

dat Slagtüüch
bubnjevi

de Rietfiedel
gitara

de Bass-Vigelien
kontrabas

de Trumpeet
truba

dat Klaveer

klavir

de Vigelien

violina

de Bass

bas

de Pauk

timpani

de Trummeln

udaraljke za bubnjeve

dat Keyboard

tipke klavira

dat Saxophon

saksofon

de Fleut

flauta

dat Mikrofoon

mikrofon

de Musikinstrumenten - muzički instrument

de Deertenpark

zoološki vrt

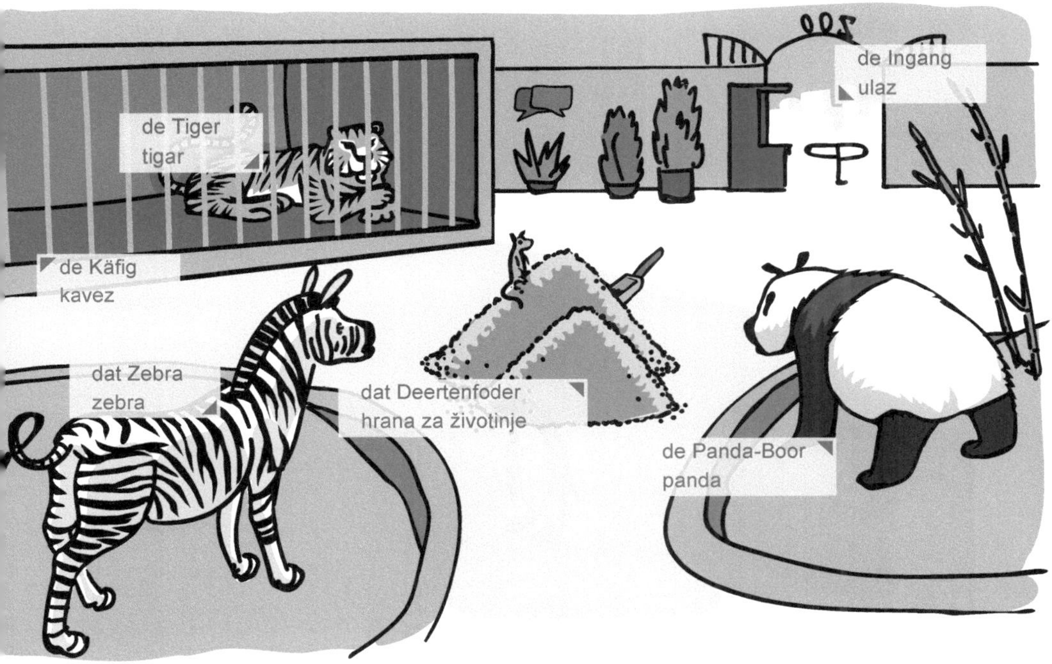

zoo
de Ingang
ulaz
de Tiger
tigar
de Käfig
kavez
dat Zebra
zebra
dat Deertenfoder
hrana za životinje
de Panda-Boor
panda

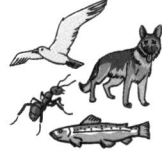

de Deerten

životinje

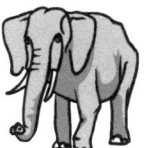

de Elefant

slon

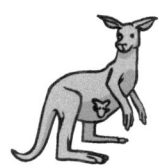

dat Känguru

kengur

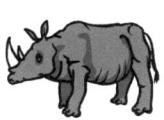

dat Neeshoorn

nosorog

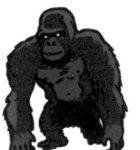

de Gorilla

gorila

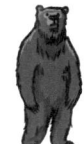

de Boor

medved

dat Kameel

kamila

de Struuß

noj

de Lööv

lav

de Aap

majmun

de Flamingo

flamingo

de Papagoi

papagaj

de Iesboor

polarni medved

de Pinguin

pingvin

de Haifisch

ajkula

de Pageluun

paun

de Slang

zmija

dat Krokodil

krokodil

de Oppasser in'n
Deertenpark
čuvar u zoološkom vrtu

de Saalhund

tuljan

de Jaguor

jaguar

dat Pony

poni

de Leopard

leopard

dat Nilpeerd

nilski konj

de Giraff

žirafa

de Aadler

orao

dat Wildswien

divlja svinja

de Fisch

riba

de Schildkrööt

kornjača

dat Walross

morž

de Voss

lisica

de Gazell

gazela

de Sport
sport

de Amerikaansch Football
američki nogomet

dat Radfohren
biciklizam

dat Tennis
tenis

de Korfball
košarka

dat Swümmen
plivanje

dat Ieshockey
hokej na ledu

dat Boxen
boks

de Football
....
fudbal

dat Fedderball
....
badminton

de Leichtathletik
....
atletika

de Handball
....
rukomet

dat Skilopen
....
skijanje

dat Polo
....
polo

de Aktivitäten
aktivnosti

lachen
smejati se
springen
skočiti
ümarmen
zagrliti
gahn
ići
singen
pevati
drömen
sanjati
beden
moliti se
snuteln
poljubiti

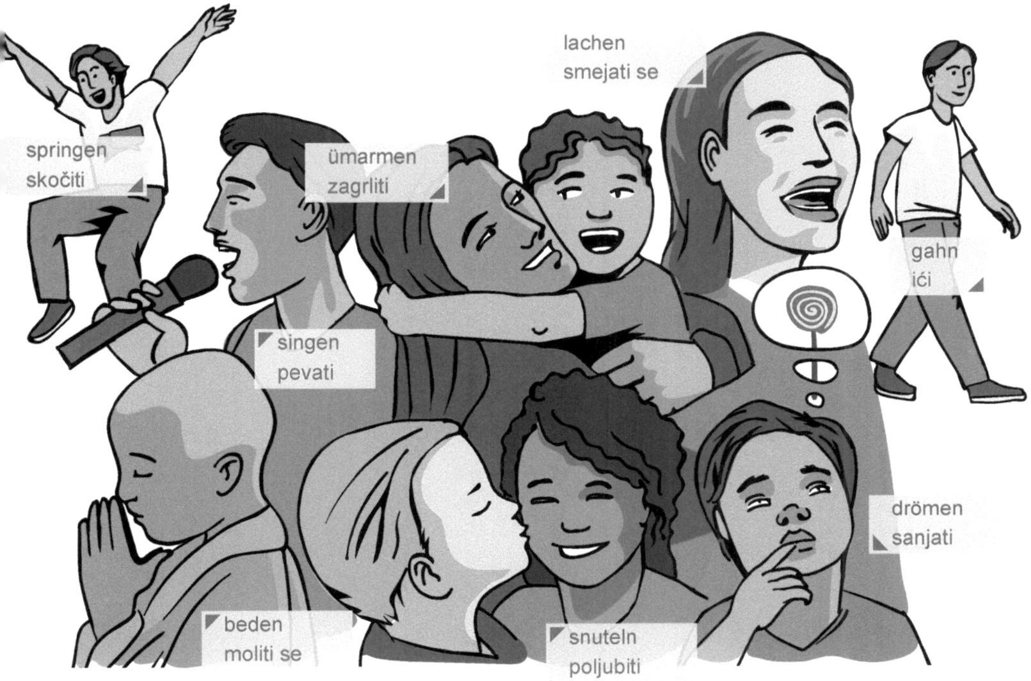

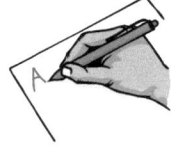

schrieven
pisati

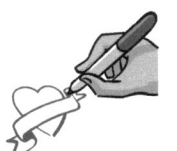

teken
crtati

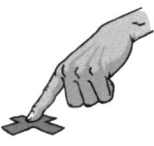

wiesen
pokazati

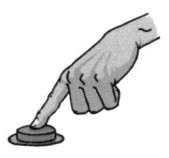

drücken
gurati

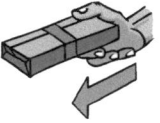

geven
dati

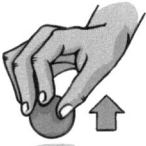

nehmen
uzeti

hebben
imati

doon
činiti

sien
biti

stahn
stojati

lopen
trčati

trecken
povlačiti

smieten
baciti

fallen
padati

liggen
ležati

töven
čekati

dregen
nositi

sitten
sediti

antrecken
oblačiti

slapen
spavati

opwaken
probuditi se

ankieken

gledati

wenen

plakati

eien

milovati

kämmen

češljati

snacken

govoriti

verstahn

razumeti

fragen

pitati

hören

slušati

drinken

piti

eten

jesti

oprümen

pospremiti

leefhebben

voleti

kaken

kuhati

fohren

voziti

flegen

leteti

segeln

ploviti

reken

računati

lesen

čitati

lehren

učiti

arbeiden

raditi

de Plünnen tohoopsmieten

venčati se

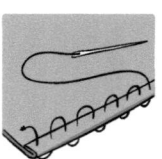

neihen

šiti

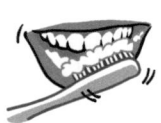

Tähnen putzen

prati zube

dootmaken

ubiti

smöken

pušiti

schicken

poslati

de Familje
porodica

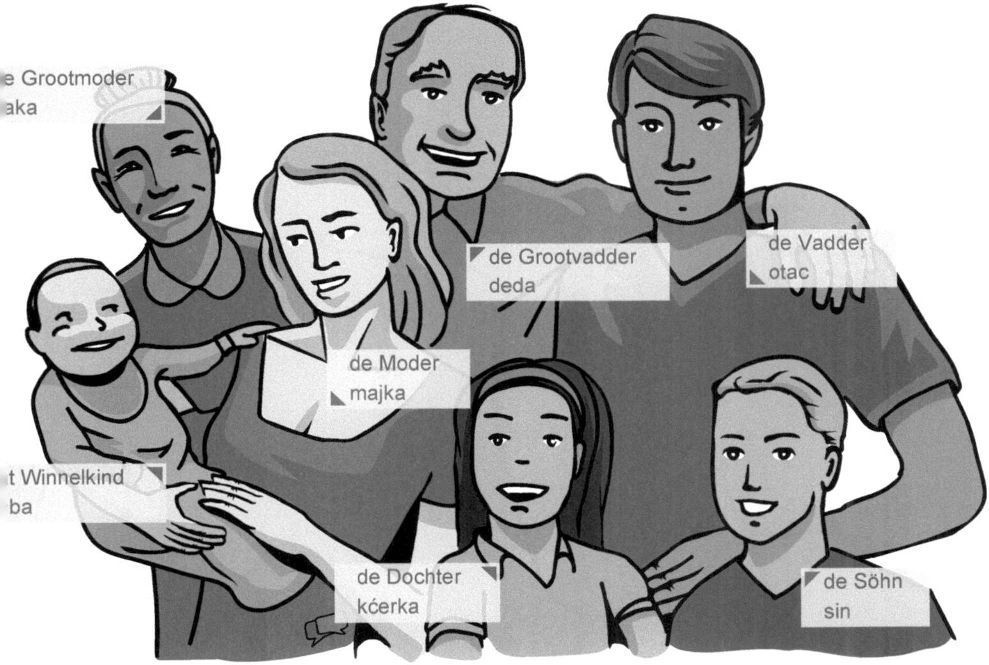

e Grootmoder
aka
de Grootvadder
deda
de Vadder
otac
de Moder
majka
t Winnelkind
ba
de Dochter
kćerka
de Söhn
sin

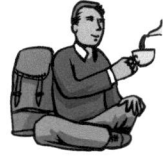

de Gast
gost

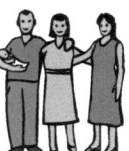

de Tant
tetka

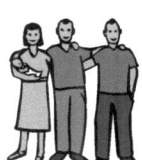

de Unkel
ujak, stric

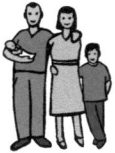

de Broder
brat

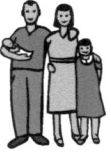

de Süster
sestra

de Lief

telo

de Vörkopp
čelo
dat Oog
oko
de Schuller
rame
de Finger
prst
dat Gesicht
lice
dat Kinn
brada
de Hand
ruka
dat Been
noga
de Bost
grudi
de Arm
ruka

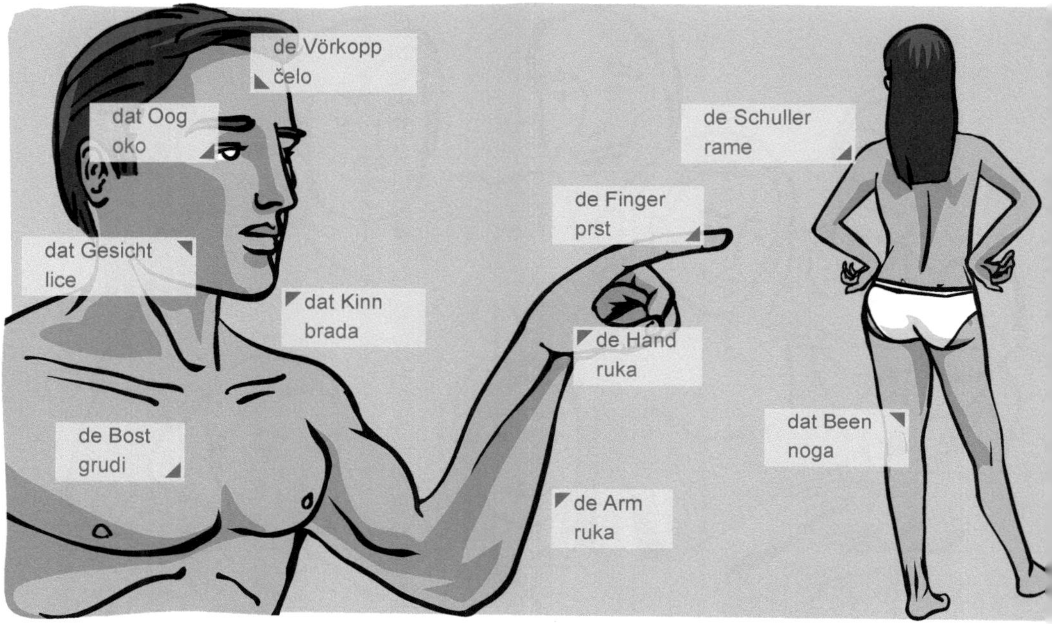

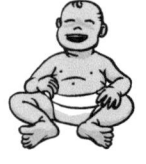

dat Winnelkind

beba

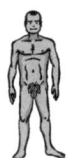

de Mann

muškarac

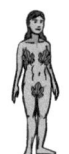

de Fro

žena

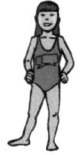

de Deern

devojčica

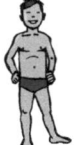

de Jung

dečak

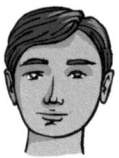

de Arm

glava

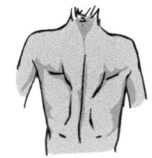

de Rüch

leđa

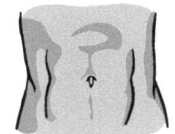

de Buuk

stomak

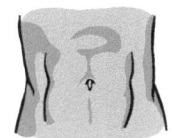

de Navel

pupak

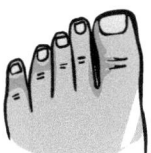

de Teh

nožni prst

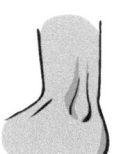

de Hack

peta

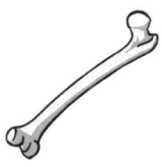

de Knaken

kost

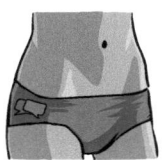

de Hüft

kukovi

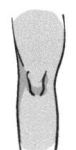

dat Knee

koleno

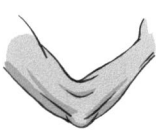

de Ellbagen

lakat

de Nees

nos

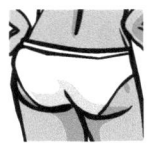

de Achtersen

zadnjica

de Huut

koža

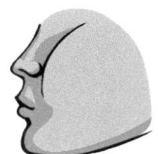

de Back

obraz

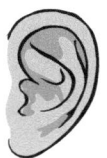

dat Ohr

uvo

de Lipp

usna

de Mund

usta

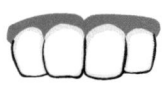

de Tähn

zub

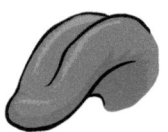

de Tung

jezik

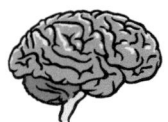

de Bregen

mozak

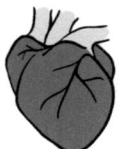

dat Hart

srce

de Muskel

mišić

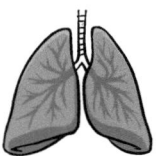

de Lung

pluća

de Lever

jetra

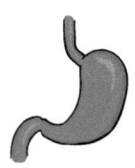

de Maag

želudac

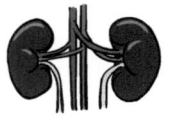

de Neren

bubrezi

de Bislaap

polni odnos

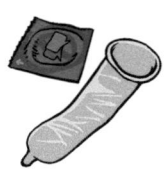

dat Kondoom

kondom

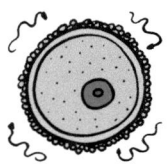

de Eizell

jajna ćelija

dat Sperma

sperma

de Anner Ümstänn

trudnoća

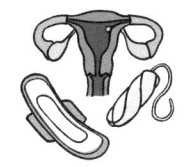

de Menstruatschoon

menstruacija

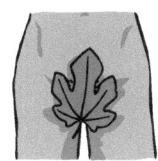

de Scheed

vagina

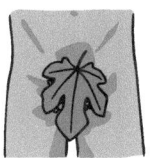

de Pint

penis

de Ogenbroe

obrva

dat Hoor

kosa

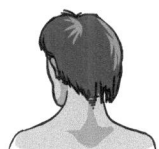

de Hals

vrat

dat Krankenhuus
bolnica

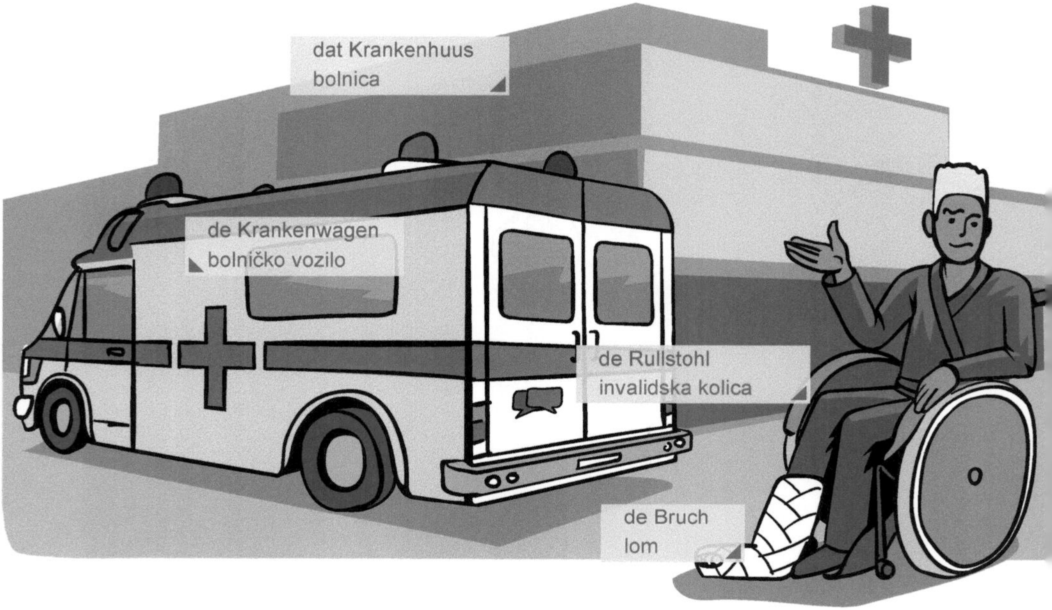

dat Krankenhuus
bolnica
de Krankenwagen
bolničko vozilo
de Rullstohl
invalidska kolica
de Bruch
lom

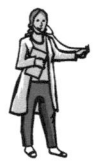

de Dokter
lekar

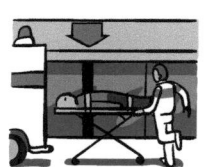

de Nootopnahm
hitna medicinska služba

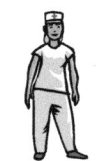

de Krankensüster
medicinska sestra

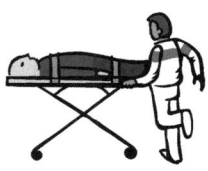

de Nootfall
hitni slučaj

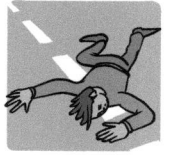

ahnmächtig
nesvest

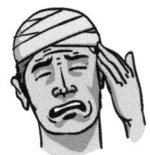

de Wehdaag
bol

de Verwunnen

povreda

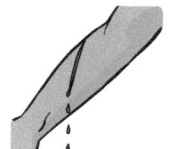

de Blöden

krvarenje

de Hartinfarkt

srčani udar

de Slaganfall

udar

de Allergie

alergija

de Hoosten

kašalj

dat Fever

groznica

de Gripp

gripa

de Dörchfall

proliv

de Koppwehdaag

glavobolja

de Kreeft

rak

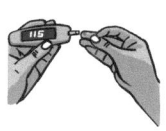

de Zuckersüük

dijabetes

de Chirurg

hirurg

dat Chirurgsch Mess

skalpel

de Operatschoon

operacija

dat CT

ct

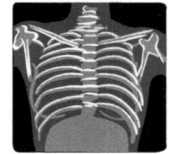

de Dörchlüchten

rentgen

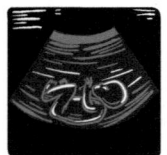

de Ultraschall

ultrazvuk

de Mask

maska

de Krankheit

bolest

de Töövruum

čekaona

de Krück

štaka

dat Plaaster

flaster

de Verband

zavoj

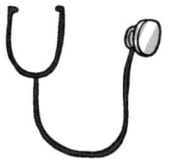

de Insprütten

injekcija

dat Stethoskop

stetoskop

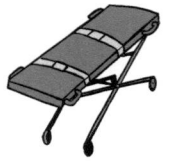

de Draag

nosila

dat Feverthermometer

termometar

de Geboort

rođenje

dat Övergewicht

prekomerna težina

de Höörapparat

slušni aparat

dat Kiemfriemiddel

sredstvo za dezinfekciju

de Ansteken

infekcija

de Virus

virus

dat HIV / AIDS

HIV / AIDS

dat Heelmiddel

medicina

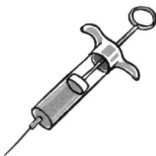

de Impen

vakcinacija

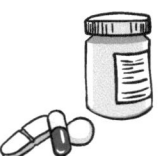

de Tabletten

tablete

de Pill

pilula

de Nootroop

hitni poziv

de Blootdruck-Meter

uređaj za merenje pritiska

krank / gesund

bolesno / zdravo

Hölp!

pomoć!

de Alarm

alarm

de Överfall

nasrtaj

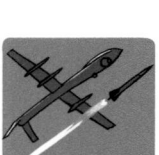

de Angreep

napad

de Gefohr

opasnost

de Nootutgang

izlaz u slučaju nužde

dat Füer!

požar!

de Füerlöscher

protivpožarni aparat

de Unfall

nezgoda

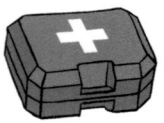

de Noothölpkoffer

kutija prve pomoći

SOS

sos

de Polizei

policija

Europa

Evropa

Noordamerika

Severna Amerika

Süüdamerika

Južna Amerika

Afrika

Afrika

Asien

Azija

Australien

Australija

de Atlantik

Atlantik

de Pazifik

Pacifik

dat Indisch Weltmeer

Indijski okean

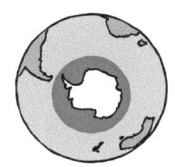

dat Antarktisch Weltmeer

Antarktički okean

dat Arktisch Weltmeer

Arktički ocean

de Noordpol

Severni pol

de Süüdpol

Južni pol

de Antarktis

Antarktik

de Eerd

zemlja

dat Land

zemlja

de See

more

dat Eiland

otok

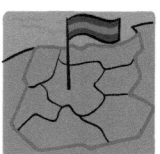

de Natschoon

nacija

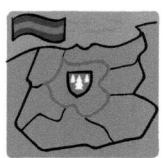

de Staat

država

dat Tallenblatt

brojčanik sata

de Stunnenwieser

satna kazaljka

de Minutenwieser

minutna kazaljka

de Sekunnenwieser

sekundna kazaljka

Wo laat is dat?

Koliko je sati?

de Dag

dan

de Tiet

vreme

nu

sada

de digetaalsch Klock

digitalni sat

de Minuut

minuta

de Stunn

čas

de Week

sedmica

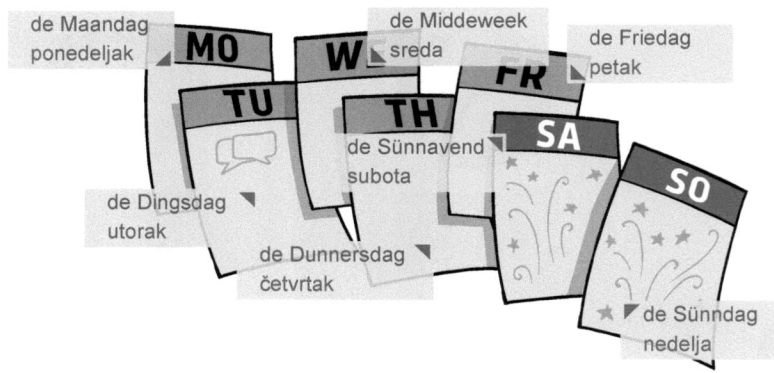

de Maandag
ponedeljak

de Middeweek
sreda

de Friedag
petak

de Dingsdag
utorak

de Dunnersdag
četvrtak

de Sünnavend
subota

de Sünndag
nedelja

güstern
juče

hüüt
danas

morgen
sutra

de Morgen
jutro

de Meddag
podne

de Avend
veče

de Arbeitsdaag
radni dani

dat Wekenenn
vikend

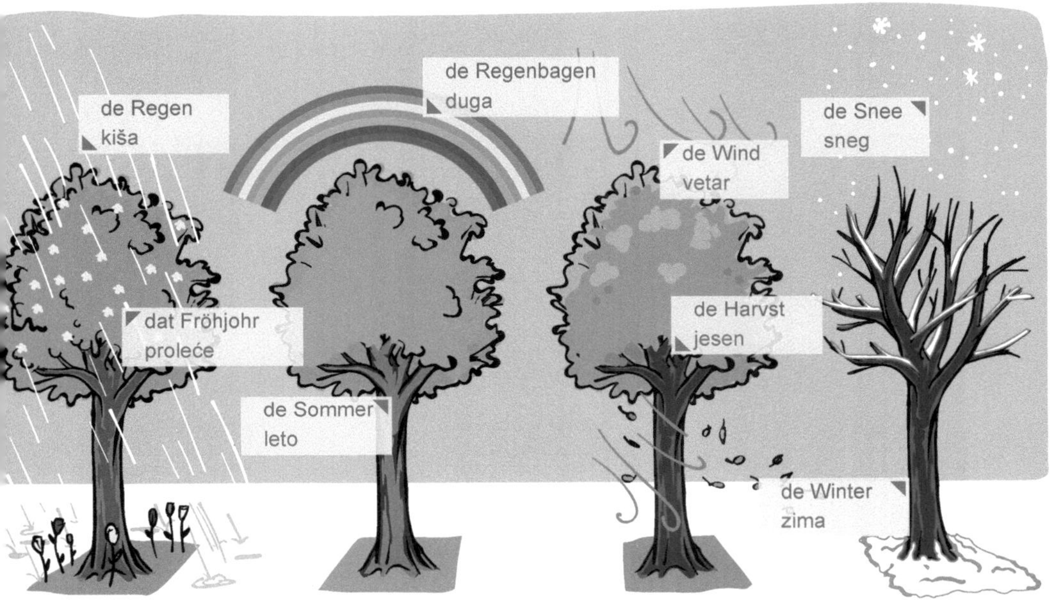

de Regenbagen
duga
de Regen
kiša
de Wind
vetar
de Snee
sneg
dat Fröhjohr
proleće
de Harvst
jesen
de Sommer
leto
de Winter
zima

4.APRIL 11°
5.APRIL 4°
6.APRIL 13°
7.APRIL 8°
8.APRIL 10°

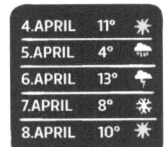

de Wedervörhersaag

meteorološka prognoza

F
C
120
90
60
30
0
-30
40
30
20
10
0
-10
-20

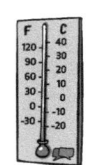

dat Thermometer

termometar

de Sünnenschien

sunčana svetlost

de Wulk

oblak

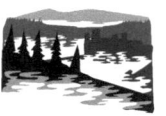

de Nevel

magla

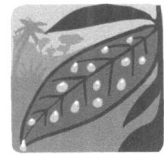

de Luftfuchtigkeit

vlažnost vazduha

de Blitz

munja

de Dunner

grmljavina

de Storm

oluja

de Hagel

tuča

de Monsun

monsun

de Floot

poplava

dat Ies

led

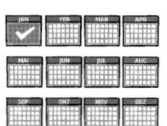

de Januormaand

januar

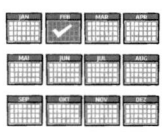

de Februormaand

februar

de Martmaand

mart

de Aprilmaand

april

de Maimaand

maj

de Junimaand

juni

de Julimaand

juli

de Augustmaand

avgust

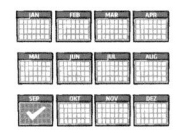

de Septembermaand

septembar

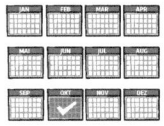

de Oktobermaand

oktobar

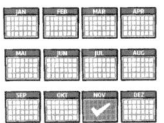

de Novembermaand

novembar

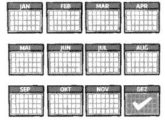

de Dezembermaand

decembar

de Formen

oblici

de Krink

krug

dat Quadrat

kvadrat

dat Rechteck

pravougao

dat Dreeeck

trougao

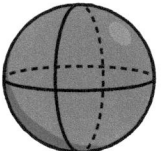

de Kugel

kugla

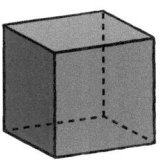

de Wörpel

kocka

witt

bela

geel

žuta

orangsch

narandžasta

pink

ružičasta

root

crvena

lila

ljubičasta

blau

plava

gröön

zelena

bruun

smeđa

gries

siva

swart

crna

veel / wenig

mnogo / malo

böös / verdreeglich

ljutito / mirno

smuck / mies

lepo / ružno

de Begünn / dat Enn

početak / kraj

groot / lütt

veliko / maleno

hell / düüster

svetlo / tamno

de Broder / de Süster

brat / sestra

schier / schietig

čisto / prljavo

kumpleet / nich kumpleet

potpuno / nepotpuno

de Dag / de Nacht

dan / noć

doot / lebennig

mrtvo / živo

breet / small

široko / usko

geneetbor / nich geneetbor

jestivo / nejestivo

böös / fründlich

zlo / dobro

fickerig / langwielt

uzbuđeno / dosadno

dick / dünn

debelo / mršavo

toeerst / toletzt

na početku / na kraju

de Fründ / de Fiend

prijatelj / neprijatelj

vull / leddig

puno / prazno

hart / week

tvrdo / mekano

swoor / licht

teško / lagano

de Smacht / de Döst

glad / žeđ

krank / gesund

bolesno / zdravo

nich na't Recht / na't Recht

ilegalno / legalno

klook / dummerhaftig

pametno / glupo

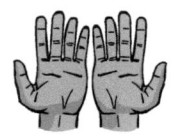

linkerhand / rechterhand

levo / desno

neeg / feern

blizu / daleko

nieg / bruukt

novo / polovno

nix / wat

ništa / nešto

oolt / jung

staro / mlado

an / ut

uključeno / isključeno

apen / slaten

otvoreno / zatvoreno

lies / luut

tiho / glasno

riek / arm

bogato / siromašno

richtig / verkehrt

tačno / pogrešno

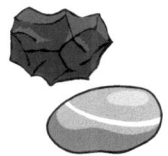

ruug / glatt

hrapavo / glatko

trurig / glücklich

tužno / sretno

kort / lang

kratko / dugo

suutje / flink

polako / brzo

natt / dröög

mokro / suho

warm / köhl

toplo / hladno

de Krieg / de Freden

rat / mir

0	**1**	**2**
null	een	twee
nula	jedan	dva

3	**4**	**5**
dree	veer	fief
tri	četiri	pet

6	**7**	**8**
söss	söven	acht
šest	sedam	osam

9	**10**	**11**
negen	teihn	ölven
devet	deset	jedanaest

12
twölf
dvanaest

13
dörteihn
trinaest

14
veerteihn
četrnaest

15
föffteihn
petnaest

16
sössteihn
šestnaest

17
söventeihn
sedamnaest

18
achtteihn
osamnaest

19
negenteihn
devetnaest

20
twintig
dvadeset

100
hunnert
stotinu

1.000
dusend
hiljadu

1.000.000
million
milion

dat Engelsch

engleski

dat Amerikaansch Engelsch

američki engleski

dat Chineesch Mandarin

mandarinski kineski

dat Hindi

hindski

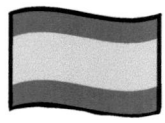

dat Spaansch

španski

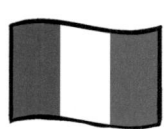

dat Franzöösch

francuski

dat Araabsch

arapski

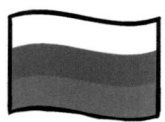

dat Rusch

ruski

dat Portugiesch

portugalski

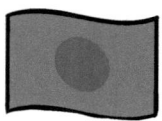

dat Bengaalsch

bengalski

dat Düütsch

nemački

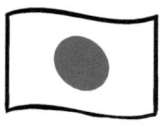

dat Japaansch

japanski

ik
ja

du
ti

he / se / dat
on / ona / ono

wi
mi

ji
vi

se
oni

keen?
Ko?

wat?
Šta?

woans?
Kako?

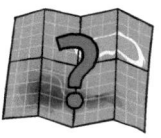

woneem?
Gde?

wannehr?
Kada?

de Naam
ime

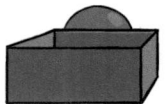

achter

iza

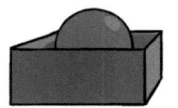

in

u

vör

ispred

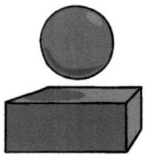

över

preko

op

na

ünner

ispod

blangen

pored

twüschen

između

de Oort

mesto